Uyghur Language:
The Uyghur Phrasebook

Hala Khan

Contents

1. Most common expressions	3
2. At the Airport	9
3. Introductions	11
4. Directions	21
5. At the hotel	29
6. Medical issues	37
7. Shopping	43
8. At the restaurant	75
9. Entertainment	85
10. Problems	87
11. Changing money	91
12. General Reference Information	93

Note about stress: Stress in Uyghur language always falls on the last syllable.

Uyghur Language: The Uyghur Phrasebook

1. Most common expressions

Hello!

ئەسسالام!

Essalam!

Yes

ھەئە

He'e

I can't speak Uyghur well

ئۇيغۇرچىنى ياخشى سۆزلىيەلمەيمەن

Uyghurchini yaxshi sözliyelmeymen

Maybe

بەلكىم

Belkim

No, thank you

ياق ، رەھمەت

Yaq, rehmet

I'm sorry

كەچۈرۈڭ

Kechürüng

Excuse me

ئاۋارە قىلىدىغان بولدۇم

Aware qilidighan boldum

Please

مەرھەمەت

Merhemet

How much do you want for this?

بۇنىڭغا قانچە پۇل بېرىمەن ؟

Buninggha qanche pul bérimen?

Excuse me, where is the restroom?

كەچۈرۈڭ ، ھاجەتخانا قەيەردە ؟

Kechürüng, hajetxana qeyerde?

Do you understand English?

ئىنگلىزچە بىلەمسىز ؟

Ingilizche bilemsiz?

Do you speak English?

ئىنگلىزچە سۆزلىيەلەمسىز؟

Ingilizche sözliyelemsiz?

Excuse me

مېنى كەچۈرۈڭ

Méni kechürüng

Just a minute

سەل ساقلاڭ

Sel saqlang

That's alright

چاتاق يوق

Chataq yoq

What did you say?

نېمە دېدىڭىز؟

Néme dédingiz?

It doesn't matter

ھېچقىسى يوق

Héchqisi yoq

I don't speak Uyghur

مەن ئۇيغۇرچە سۆزلىيەلمەيمەن

Men uyghurche sözliyelmeymen

I speak only a little Uyghur

مەن ئۇيغۇرچىنى ناھايىتى ئاز سۆزلىيەلەيمەن

Men uyghurchini nahayiti az sözliyeleymen

I don't understand Uyghur

مەن ئۇيغۇرچە بىلمەيمەن

Men uyghurche bilmeymen

I understand only a little Uyghur

مەن ئۇيغۇرچىنى ناھايىتى ئاز بىلىمەن

Men uyghurchini nahayiti az bilimen

I'm sorry, could you repeat that?

كەچۈرۈڭ ، قايتا دەپ بېرەمسىز ؟

Kechürüng, qayta dep béremsiz?

How do you say ... in Uyghur?

...نى ئۇيغۇرچىدا قانداق دەيدۇ ؟

...Ni uyghurchida qandaq deydu?

What does that mean?

ئۇنىڭ مەنىسى نېمە ؟

Uning menisi néme?

Please, repeat

قايتا دەپ بېرىڭ

Qayta dep béring

2. At the Airport

Passport

پاسپورت

Pasport

Ticket

بېلەت

Bélet

Where did you arrive from?

نەدىن كەلدىڭىز؟

Nedin keldingiz?

Where are you traveling?

نەگە بارىسىز؟

Nege barisiz?

How many bags do you have?

قانچە سومكىڭىز بار؟

Qanche somkingiz bar?

3. Introductions

My name is John

ئىسمىم جون

Ismim jon

What is your name?

سىزنىڭ ئىسمىڭىز نېمە؟

Sizning ismingiz néme?

Nice to meet you

كۆرۈشكىنىمگە خۇشالمەن

Körüshkinimge xushalmen

How are you?

قانداق ئەھۋالىڭىز؟

Qandaq ehwalingiz?

Good/ very good

ياخشى\ ناھايىتى ياخشى

Yaxshi\ nahayiti yaxshi

And you

سىزچۇ

Sizchu

Alright

بولىدۇ

Bolidu

So-so

يامان ئەمەس

Yaman emes

Bad

ناچار

Nachar

Bye

خوش

Xosh

Goodbye

خەير-خوش

Xeyr-xosh

This is my...

بۇ مېنىڭ...

Bu méning ...

... wife

...خوتۇنۇم

...Xotunum

...boyfriend

...ئوغۇل دوستۇم

...Oghul dostum

...girlfriend

...قىز دوستۇم

...Qiz dostum

...son

...ئوغلۇم

...Oghlum

...daughter

...قىزىم

...Qizim

I work for

...ده ئىشلەيمەن

...De ishleymen

I'm here...

مەن بۇ يەرگە ... كەلدىم

Men bu yerge ... Keldim

...on vacation

...دەم ئېلىش ئۈچۈن

...Dem élish üchün

...for work

...خىزمەت ئۈچۈن

...Xizmet üchün

...from United States

...ئامېرىكىدىن

...Amérikidin

I am married

مەن توي قىلغان

Men toy qilghan

I am single

مەن بويتاق

Men boytaq

Yes

شۇنداق

Shundaq

I understand

چۈشىنىمەن

Chüshinimen

Not

ياق

Yaq

Do you understand

چۈشىنەمسىز

Chüshinemsiz

Excuse me/Sorry

كەچۈرۈڭ\خاپا بولماڭ

Kechürüng\xapa bolmang

I'm an American

مەن ئامېرىكىلىق

Men amérikiliq

I live in...

...دە ياشايمەن

...De yashaymen

I speak English

ئېنگلىزچە سۆزلەيمەن

Énglizche sözleymen

Do you speak English?

ئېنگلىزچە سۆزلەمسىز ؟

Énglizche sözlemsiz?

I speak Uyghur

مەن ئۇيغۇرچە سۆزلەيمەن

Men uyghurche sözleymen

A little

ئازراق

Azraq

Do you speak Uyghur?

ئۇيغۇرچە سۆزلەمسىز ؟

Uyghurche sözlemsiz?

Pleasure to do business with you

سىز بىلەن سودا قىلغىنىمدىن خۇشال

Siz bilen soda qilghinimdin xushal

I have an appointment with

...بىلەن كۆرۈشۈشكە كېلىشىپ قويغان

...Bilen körüshüshke kéliship qoyghan

Here is my business card

بۇ مېنىڭ ئىسىم كارتام

Bu méning isim kartam

I work for

...دا ئىشلەيمەن

...Da ishleymen

Do you want?

خالامسىز ؟

Xalamsiz?

I want...

خالايمەن...

...Xalaymen

I don't want...

خالىمايمەن...

...Xalimaymen

...to eat

تاماق يېيىش...

Tamaq yéyish...

...to drink

ئىچىش...

Ichish...

I want to go...

بېرىشنى خالايمەن...

... Bérishni xalaymen

I don't want to go...

بېرىشنى خالىمايمەن...

... Bérishni xalimaymen

...to the restaurant

رېستۇرانغا...

Résturangha...

...to the hotel

مېھمانخانىغا...

Méhmanxanigha...

...to a concert

كونسېرتقا...

Konsértqa...

...home

ئۆيگە...

Öyge...

...to the movies

كىنوغا...

Kinogha...

...for a walk

سەيلىگە...

Seylige...

Thank you

رەھمەت

Rehmet

Please

مەرھەمەت

Merhemet

You're welcome

تۈزۈت قىلماڭ

Tüzüt qilmang

4. Directions

General directions

To the left

سولغا

Solgha

To the right

ئوڭغا

Onggha

Straight

ئۇدۇل

Udul

Back

ئارقىغا

Arqigha

Take the first left/right

ئاۋال سولغا\ئوڭغا

Awal solgha\onggha

Near the building

بىنانىڭ يېنىدا

Binaning yénida

Far

يىراق

Yiraq

Not far

يىراق ئەمەس

Yiraq emes

By foot

پىيادە

Piyade

By car

ماشىنىدا

Mashinida

On the bus

ئاپتوبۇستا

Aptobusta

How do I get to

قانداق باریمەن؟...

Qandaq barimen

... the airport

ئايرودرومغا...

Ayrodromgha...

... the hotel?

مېھمانخانىغا...

Méhmanxanigha...

... the movie theater?

كىنوخانىغا...

Kinoxanigha...

... the museum?

مۇزېيغا...

Muzéygha...

... the restaurant?

رېستورانغا...

Réstorangha...

... the café?

قەھۋەخانىغا...

Qehwexanigha...

... the mall?

سودا سارىيىغا...

Soda sariyigha...

... the gas station?

ماي قاچىلاش پونكىتىغا...

May qachilash ponkitigha...

... the bazaar?

بازارغا...

Bazargha...

... the restroom?

ھاجەتخانىغا...

Hajetxanigha...

...the train station?

پويىز ئىستانسىسىغا...

Poyiz istansisigha...

... the street?

كوچىسىغا...

Kochisigha...

Is there...

...بارمۇ

...Barmu

...a bank?

بانكا...

Banka...

...a bus stop ?

ئاپتوبۇس بېكىتى...

Aptobus békiti...

...a café?

قەھۋەخانا...

Qehwexana...

...a store?

ماگىزىن...

Magizin...

...a church?

چېركاۋ...

Chérkaw...

...a cinema?

كىنوخانا...

Kinoxana...

...a currency exchange?

پۇل تېگىشىش ئورنى...

Pul tégishish orni...

...a drugstore?

دورىخانا...

Dorixana...

...a dry cleaners?

قۇرۇق يۇيۇش ئورنى...

Quruq yuyush orni...

...a gas station?

ماي قاچىلاش پونكىتى...

May qachilash ponkiti...

...a hospital?

دوختۇرخانا...

Doxturxana...

... a parking lot?

ماشىنا توختىتىش مەيدانى...

Mashina toxtitish meydani...

... a restroom?

ھاجەتخانا...

Hajetxana...

5. At the hotel

Hi, I have a reservation

مەن زاكاز قىلىپ قويغان

Men zakaz qilip qoyghan

My name is...

ئىسمىم...

Ismim...

I need a room, please

ماڭا بىر ياتاق لازىم

Manga bir yataq lazim

We need two rooms please...

بىزگە ئىككى ياتاق لازىم

Bizge ikki yataq lazim

... with one bed

بىر كارىۋاتلىق

Bir kariwatliq

... with two beds

ئىككى كارىۋاتلىق

Ikki kariwatliq

It's for...

...ئۈچۈن

...Üchün

... a few days

بىر نەچچە كۈن...

Bir nechche kün...

... a week

بىر ھەپتە...

Bir hepte...

... two weeks

ئىككى ھەپتە...

Ikki hepte...

Is breakfast included?

ناشتىلىقنى ئۆز ئىچىگە ئالامدۇ؟

Nashtiliqni öz ichige alamdu?

What time is breakfast served?

ناشتىلىق سائەت نەچچىدە ؟

Nashtiliq sa'et nechchide?

Could I look at the rooms?

ياتاقنى كۆرۈپ باقسام بۇلامدۇ ؟

Yataqni körüp baqsam bulamdu?

What time do I have to vacate the room?

ياتاقنى سائەت نەچچىدە بىكارلىشىم كېرەك ؟

Yataqni sa'et nechchide bikarlishim kérek?

Could I reserve a room, please?

ياتاق زاكاز قىلسام بولامدۇ ؟

Yataq zakaz qilsam bolamdu?

Likely answers:

Yes

ھەئە

He'e

No

ياق

Yaq

We don't have available rooms

بوش ياتاق يوق

Bosh yataq yoq

No, thank you

ياق ، رەھمەت

Yaq, rehmet

I need...

ماڭا...لازىم

Manga...lazim

...another blanket

يەنە بىر ئەديال...

Yene bir ediyal...

...another pillow

يەنە بىر ياستۇق...

Yene bir yastuq...

...another towel

يەن بىر لۆڭگە...

Yen bir löngge...

...more soap

سوپۇن...

Sopun...

...a razor

ساقال تىغى...

Saqal tighi...

...a hair dryer

چاچ قۇرۇتقۇچ...

Chach qurutquch...

Please, some more...

...ئازراق بېرىڭ

...Azraq béring

...tea

چايدىن...

Chaydin...

...coffee

قەھۋەدىن...

Qehwedin...

...water

سۇدىن...

Sudin...

...juice

مېۋە سۈيىدىن...

Méwe süyidin...

...milk

سۈتتىن...

Süttin...

...bread

بولكىدىن...

Bolkidin...

...eggs

تۇخۇمدىن...

Tuxumdin...

Come in

كىرىڭ

Kiring

Later, please

كېيىنرەك

Kéyinrek

I need a taxi, please

ماڭا تاكسى كېرەك

Manga taksi kérek

6. Medical issues

Major Issues

I need ...

ماڭا ... كېرەك

Manga ... Kérek

... a doctor

دوختۇر...

Doxtur...

... a hospital

دوختۇرخانا...

Doxturxana...

My head hurts

بېشىم ئاغرىيدۇ

Béshim aghriydu

My stomach hurts

ئاشقازىنىم ئاغرىيدۇ

Ashqazinim aghriydu

My arm hurts

بېلىكىم ئاغرىيدۇ

Bélikim aghriydu

My hand hurts

قولۇم ئاغرىيدۇ

Qolum aghriydu

My leg hurts

پاچىقىم ئاغرىيدۇ

Pachiqim aghriydu

My foot hurts

پۇتۇم ئاغرىيدۇ

Putum aghriydu

My back hurts

دۈمبەم ئاغرىيدۇ

Dümbem aghriydu

My ear hurts

قۇلىقىم ئاغرىيدۇ

Quliqim aghriydu

My kidney hurts

بۆرىكىم ئاغرىيدۇ

Börikim aghriydu

My neck hurts

بوينۇم ئاغرىيدۇ

Boynum aghriydu

My throat hurts

گېلىم ئاغرىيدۇ

Gélim aghriydu

It hurts right here

دەل مۇشۇ يەر ئاغرىيدۇ

Del mushu yer aghriydu

The pain is sharp

قاتتىق ئاغرىيدۇ

Qattiq aghriydu

The pain is not sharp

ئانچە قاتتىق ئاغرىمايدۇ

Anche qattiq aghrimaydu

It hurts sometimes

بەزىدە ئاغرىيدۇ

Bezide aghriydu

It hurts all the time

توختىماي ئاغرىيدۇ

Toxtimay aghriydu

I lost...

...يۈتتۈرۈپ قويدۇم

...Yüttürüp qoydum

...my glasses

...كۆزەينىكىمنى

Közeynikimni...

...my contact lenses

...كۆزنىڭ ئىچىگە سالىدىغان كۆزەينىكىمنى

Közning ichige salidighan közeynikimni...

...my prescription medication

...رېتىسىپىمنى

Rétisipimni...

I have a cold

زۇكام بولدۇم

Zukam boldum

I need some aspirin

ماڭا ئاسپىرىن لازىم

Manga aspirin lazim

I have a fever

قىزىتىپ قالدىم

Qizitip qaldim

I feel dizzy

بېشىم قېيىۋاتىدۇ

Béshim qéyiwatidu

I have a...

مەندە ... بار

Mende ... Bar

High blood pressure

يۇقىرى قان بېسىم

Yuqiri qan bésim

Asthma

نەپەس سىقىلىش كېسىلى

Nepes siqilish késili

Diabetes

دىئابىت

Di'abit

---

7. Shopping

Hello/Hi

ئەسسالام

Essalam

I need help, please

ماڭا ياردەم كېرەك

Manga yardem kérek

I'm just looking.

قاراپ بېقىۋاتىمەن.

Qarap béqiwatimen.

Yes, please

بولىدۇ ، مەرھەمەت

Bolidu, merhemet

No, thank you.

ياق ، رەھمەت

Yaq, rehmet

Could I try this on please?

بۇنى سىناپ باقسام بولامدۇ؟

Buni sinap baqsam bolamdu?

How much does this cost?

بۇ قانچە پۇل؟

Bu qanche pul?

I like this

بۇنى ياخشى كۆرىمەن

Buni yaxshi körimen

I don't like this

بۇنى ياخشى كۆرمەيمەن

Buni yaxshi körmeymen

That's too expensive

بۇ بەك قىممەتكەن

Bu bek qimmetken

Could you lower the price?

ئەرزانلىتىپ بەرسىڭىز بولامدۇ؟

Erzanlitip bersingiz bolamdu?

Is this on sale?

بۇ سېتىلامدۇ؟

Bu sétilamdu?

I'll take this

بۇنى ئالىمەن

Buni alimen

Clothes

كىيىملەر

Kiyimler

I need to buy...

مەن ... سېتىۋالماقچى

Men ... Sétiwalmaqchi

...a belt

تاسما...

Tasma...

...a bathing suit

مۇنچا كىيىمى...

Muncha kiyimi...

... a coat

چاپان...

Chapan...

... a tie

گالستۇك...

Galistuk...

... a bra

باغىرداق...

Baghirdaq...

...panties

كالته ئىشتان...

Kalte ishtan...

...a sweater

مايكا...

Mayka...

...a shirt

كۆينەك...

Köynek...

...a jacket

چاپان...

Chapan...

... socks

پايپاق...

Paypaq...

...pants

ئشتان...

Ishtan...

...jeans

پادىچىلار ئشتنى...

Padichilar ishtini...

... briefs

كالته ئشتان...

Kalte ishtan...

...boxers

بوكسيورچىلار كالتا ئشتنى...

Boksiyorchilar kalta ishtini...

...gloves

پەلەي ...

Peley...

...shoes

ئاياغ ...

Ayagh...

...a skirt

يوپكا ...

Yopka...

... a hat

شەپكە ...

Shepke...

...a jacket

چاپان ...

Chapan...

Do you have this in...

بۇنىڭ ... بارمۇ

Buning ... Barmu

...black

قارىسى...

Qarisi...

...blue

كۆكى...

Köki...

...brown

مىغىز رەڭلىكى...

Méghiz rengliki...

...green

يىشىلى...

Yishili...

...gray

كۈل رەڭلىكى...

Kül rengliki...

...pink

هال رەڭلىكى...

Hal rengliki...

...red

قىزىلى...

Qizili...

...white

ئېقى...

Éqi...

...yellow

سېرىقى...

Sériqi...

Payment

Do you take...

بولسا بولامدۇ

Bolsa bolamdu

...credit cards?

كرېدىت كارتىسى...

Krédit kartisi...

...cash?

نەق پۇل...

Neq pul...

...dollars?

دوللار...

Dollar...

...checks?

چەك...

Chek...

Likely responses

Can I help you?

ياردىمىم كېرەكمۇ؟

Yardimim kérekmu?

Do you need anything else?

باشقا نەرسە لازىممۇ؟

Bashqa nerse lazimmu?

What would you like?

نېمە لازىم؟

Néme lazim?

Yes, of course

ھەئە ، ئەلۋەتتە

He'e, elwette

No, I'm sorry

ياق ، كەچۈرۈڭ

Yaq, kechürüng

Disputes

This is a mistake

بۇ خاتا

Bu xata

Food

يېمەكلىك

Yémeklik

Hello

ئەسسالام

Essalam

Where is the supermarket?

تاللا بازىرى قەيەردە ؟

Talla baziri qeyerde?

Where is the store?

دۇكان قەيەردە ؟

Dukan qeyerde?

I need some help

ماڭا ياردەم كېرەك

Manga yardem kérek

I'd like to buy

سېتىۋالىمەن

Sétiwalimen

Where is the...

قەيەردە...

...Qeyerde

Bread

بولكا

Bolka

Eggs

تۇخۇم

Tuxum

Butter

سېرىق ماي

Sériq may

Sour cream

چۈچۈمەل قايماق

Chüchümel qaymaq

Rice

گۈرۈچ

Gürüch

½ kilos

يېرىم كىلو

Yérim kilo

¾ kilos

يېرىم كىلودىن جىقراق

Yérim kilodin jiqraq

1 kilo

بىر كىلو

Bir kilo

2 kilos

ئىككى كىلو

Ikki kilo

3 kilos

ئۈچ كىلو

Üch kilo

4 kilos

تۆت كىلو

Töt kilo

Meat

گۆش

Gösh

Beef

كالا گۆشى

Kala göshi

Pork

چوشقا گۆشى

Choshqa göshi

Chicken

توخۇ گۆشى

Toxu göshi

Lamb

پاقلان گۆشى

Paqlan göshi

Mutton

قوي گۆشى

Qoy göshi

Veal

موزاي گۆشى

Mozay göshi

Shrimp

راك

Rak

Fish

بېلىق

Béliq

Salmon

سالمون بېلىقى

Salmon béliqi

Sturgeon

ئوستېر بېلىقى

Ostér béliqi

Cod

يوغانباش بېلىق

Yoghanbash béliq

Fruit

مېۋە

Méwe

Strawberry

بۆلجۈرگەن

Böljürgen

Apple

ئالما

Alma

Apricot

ئۆرۈك

Örük

Banana

بانان

Banan

Cherry

گىلاس

Gilas

Grapefruit

ئۈزۈم

Üzüm

A melon

قوغۇن

Qoghun

Pear

نەشپۈت

Neshpüt

Pineapple

ئاناناس

Ananas

Grapes

ئۈزۈملەر

Üzümler

Strawberry

بۆلجۈرگەن

Böljürgen

Raspberry

قارىقات

Qariqat

Vegetables

كۆكتاتلار

Köktatlar

Carrots

سەۋزە

Sewze

Cabbage

قاتكۆك

Qatkök

Eggplant

پىدىگەن

Pidigen

Mushrooms

موگۇ

Mogu

Peas

كۆك پۇرچاق

Kök purchaq

Green peppers

يېشىل مۇچ

Yéshil much

Red peppers

قىزىلمۇچ

Qizilmuch

Potatoes

بەرەڭگە

Berengge

Drinks

ئىچىملىكلەر

Ichimlikler

Wine

ئۈزۈم ھارىقى

Üzüm hariqi

Beer

پىۋا

Piwa

Vodka

ۋوتكا

Wotka

Whiskey

ۋىسكى

Wiski

Cognac

كوگنەك براندى

Kognek brandi

Milk

سۈت

Süt

Mineral water

مىنىرال سۇ

Miniral su

Juice

مېۋە سۈيى

Méwe süyi

Tea

چاي

Chay

Deserts

تاتلىق-تۈرۈم

Tatliq-türüm

Chocolate

شاكىلات

Shakilat

Cake

تورت

Tort

Ice cream

ماروژنى

Marojni

Condiments

تەم تەڭشىگۈچلەر

Tem tengshigüchler

Where is...

...قەيەردە ؟

...Qeyerde

...the sugar?

شېكەر...

Shéker...

...the salt?

تۇز...

Tuz...

...the tea?

چاي...

Chay...

...the ketchup?

پەمدۇر قىيامى...

Pemidur qiyami...

...the sour cream?

چۈچۈك قايماق...

Chüchük qaymaq...

...the mayonnaise?

تۇخۇم سېرىقى قىيامى...

Tuxum sériqi qiyami...

...the vinegar?

ئاچچىقسۇ...

Achchiqsu...

Electronics

توك سايمانلىرى

Tok saymanliri

Hello

ئەسسالام

Essalam

I need to buy...

سېتىۋالىمەن...

...Sétiwalimen

...batteries

باتارىيە...

Batariye...

...a camera

كامېرا...

Kaméra...

...CD player

سى دى قويغۇچ...

Si di qoyghuch...

...headphones

تىڭشىغۇچ...

Tingshighuch...

Smoking items

چېكىملىكلەر

Chékimlikler

Hi, I need...

ئەسسالام، ...سېتىۋالىمەن

Essalam, ...sétiwalimen

...a pack of cigarettes

بىر قاپ تاماكا...

Bir qap tamaka...

...two packs, please

ئىككى قاپ...

Ikki qap...

...three packs

ئۈچ قاپ...

Üch qap...

...a lighter

چاقماق...

Chaqmaq...

...some matches

سەرەڭگە...

Serengge...

Shopping for drugs

دورا سېتىۋېلىش

Dora sétiwélish

Where is the pharmacy?

دورىخانا قەيەردە ؟

Dorixana qeyerde?

Hi, I need...

ئەسسالام ، ... سېتىۋالىمەن

Essalam, ... Sétiwalimen

...some aspirin

ئازراق ئاسپىرىن...

Azraq aspirin...

...a bandage

داكا...

Daka...

...some antiseptic

دېزىنفېكسىيە دورىسى...

Dézinféksiye dorisi...

...insect repellent

ھاشارەت ھەيدەش دورىسى...

Hasharet heydesh dorisi...

...lip balm

كالپۇك مەلھىمى

Kalpuk melhimi

I need medication for...

...دورىسى لازىم

...Dorisi lazim

...bites

هاشارەت چېقىۋالغاننىڭ...

Hasharet chéqiwalghanning...

...cold

زۇكامنىڭ...

Zukamning...

...headache

باش ئاغرىقىنىڭ...

Bash aghriqining...

...flu

تارقىلىشچان زۇكامنىڭ...

Tarqilishchan zukamning...

...sunburn

ئاپتاپتا كۆيۈپ قالغاننىڭ...

Aptapta köyüp qalghanning...

Do you have...

...بارمۇ

...Barmu

...deodorant?

بەدەندىكى پۇراقنى يوقاتقۇچ...

Bedendiki puraqni yoqatquch...

...shaving crème?

ساقال ماغزىپى...

Saqal maghzipi...

...razors?

ساقال ئالغۇچ...

Saqal alghuch...

...some soap?

سوپۇن

Sopun

...some sunscreen?

كۈن قالقىنى...

Kün qalqini...

...some tampons?

تازىلىق پاختىسى...

Taziliq paxtisi...

...some toilet paper?

هاجەتخانا قەغىزى...

Hajetxana qeghizi...

...some toothpaste?

چىش پاستىسى...

Chish pastisi...

...some mouthwash?

ئېغىز يۇيۇش سويۇقلۇقى...

Éghiz yuyush soyuqluqi...

Miscellaneous Items

ھەر خىل نەرسىلەر

Her xil nersiler

I need...

...لازىم

... Lazim

...a pen

قەلەم...

Qelem...

...a guidebook

قوللانما...

Qollanma...

...a bag

سومكا...

Somka...

...a map

خەرىتە...

Xerite...

...a postcard

پوچتا كارتىسى...

Pochta kartisi...

...some paper

قەغەز...

Qeghez...

...fork

ئارا...

Ara...

...knife

پىچاق...

Pichaq...

...a flashlight

چاقماق لامپا...

Chaqmaq lampa...

8. At the restaurant

Hello

ئەسسالام

Essalam

I need a table please

ماڭا بىر ئۈستەل كېرەك

Manga bir üstel kérek

I need a table...

ئۈستەل كېرەك...

... Üstel kérek

... for two

ئىككى كىشىلىك...

Ikki kishilik...

... for three

ئۈچ كىشىلىك...

Üch kishilik...

... for four

تۆت كىشىلىك...

Töt kishilik...

Can we sit outside?

تېشىدا ئولتۇرساق بولامدۇ؟

Téshida oltursaq bolamdu?

I'd like to see the menu, please

تىزىملىكنى كۆرۈپ باققۇم بار

Tizimlikni körüp baqqum bar

Can we sit inside, please

ئىچىدە ئولتۇرساق بولامدۇ

Ichide oltursaq bolamdu

I have a reservation

مەن زاكاز قىلىپ قويغان

Men zakaz qilip qoyghan

I'd like to make a reservation

مەن زاكاز قىلماقچى

Men zakaz qilmaqchi

Do you have an English menu?

ئىنگلىزچە تىزىملىك بارمۇ؟

Ingilizche tizimlik barmu?

Drinks

ئىچىملىكلەر

Ichimlikler

Could you bring me the wine list?

ئۈزۈم ھارىقى تىزىملىكىنى ئەكىلىپ بېرەمسىز؟

Üzüm hariqi tizimlikini ekilip béremsiz?

Could I have some...

...ئەكىلىپ بېرەمسىز

...Ekilip béremsiz

...wine?

...ئۈزۈم ھارىقى

Üzüm hariqi...

...beer?

...پىۋا

Piwa...

...vodka?

ۋوتكا...

Wotka...

...whiskey ?

ۋىسكى

Wiski

...cognac?

كوگنەك براندى...

Kognek brandi...

...milk?

سۈت...

Süt...

...mineral water?

مىنىرال سۇ...

Méniral su...

...orange juice?

ئاپېلسىن شەربىتى...

Apélisin sherbiti...

...grapefruit juice?

ئۈزۈم شەربىتى...

Üzüm sherbiti...

...apple juice?

ئالما شەربىتى...

Alma sherbiti...

...tea?

چاي...

Chay...

I'd like a glass of...

بىر ئىستاكان...لازىم

Bir istakan...lazim

...red wine

قىزىل ئۈزۈم ھارىقى...

Qizil üzüm hariqi...

...white wine

ئاق ئۈزۈم ھارىقى...

Aq üzüm hariqi...

...champagne

شامپان...

Shampan...

I'd like a bottle of...

بىر بوتۇلكا...لازىم

Bir botulka...lazim

...red wine

قىزىل ئۈزۈم ھارىقى...

Qizil üzüm hariqi...

...white wine

ئاق ئۈزۈم ھارىقى...

Aq üzüm hariqi...

...champagne

شامپان...

Shampan...

I'd like some...

...كېرەك

...Kérek

...soup

شورپا...

Shorpa...

...salad

سالات...

Salat...

Deserts

تاتلىق-تۈرۈملەر

Tatliq-türümler

Cake

تورت

Tort

Chocolate

شاكىلات

Shakilat

Ice cream

ماروژنى

Marojni

General food categories

Meat

گۆش

Gösh

Beef

كالا گۆشى

Kala göshi

Pork

چوشقا گۆشى

Choshqa göshi

Chicken

توخۇ گۆشى

Toxu göshi

Lamb

پاقلان گۆشى

Paqlan göshi

Mutton

قوي گۆشى

Qoy göshi

Veal

موزاي گۆشى

Mozay göshi

Shrimp

راك

Rak

Fish

بېلىق

Béliq

Salmon

سالمون بېلىقى

Salmon béliqi

Sturgeon

ئوستېر بېلىقى

Ostér béliqi

Cod

يوغانباش بېلىق

Yoghanbash béliq

9. Entertainment

Is there a nightclub nearby?

ئەتراپتا كېچىلىك كۇلۇب بارمۇ؟

Etrapta kéchilik kulub barmu?

Where is the museum?

مۇزېي قەيەردە؟

Muzéy qeyerde?

Where is the nightclub?

كېچىلىك كۇلۇب قەيەردە؟

Kéchilik kulub qeyerde?

Where is the theater?

تىياتىرخانا قەيەردە؟

Tiyatirxana qeyerde?

Where is the zoo?

ھايۋاناتلار باغچىسى قەيەردە؟

Haywanatlar baghchisi qeyerde?

Where is the swimming pool?

سۇ ئۈزۈش كۆلچىكى قەيەردە ؟

Su üzüsh kölchiki qeyerde?

10. Problems

Police

ساقچى

Saqchi

I have a complaint

مېنىڭ بىر ئەرزىم بار

Méning bir erzim bar

Lost items

يۈتكەن نەرسىلەر

Yütken nersiler

I have lost...

...يۈتتۈرۈپ قويدۇم

...Yüttürüp qoydum

...my passport

پاسپورتۇمنى...

Pasportumni...

...my documents

ھۆججەتلىرىمنى...

Höjjetlirimni...

...my ticket

بېلىتىمنى...

Bélitimni...

...my wallet

پۇل قاپچۇقۇمنى...

Pul qapchuqumni...

...my bag

سومكامنى...

Somkamni...

...my clothes

كىيىملىرىمنى...

Kiyimlirimni...

...my glasses

كۆزەينىكىمنى...

Közeynikimni...

Defective items

چاتقى بار نەرسىلەر

Chatiqi bar nersiler

I bought this recently...

بۇنى مەن يېقىندا...سېتىۋالغان.

Buni men yéqinda...sétiwalghan.

...at the store

دۇكاندىن...

Dukandin...

...at the bazaar

بازاردىن...

Bazardin...

This item is defective

بۇنىڭ چاتقى باركەن

Buning chatiqi barken

I have the receipt

تالونۇم بار

Talonum bar

I don't have the receipt

تالونۇم يوق

Talonum yoq

I need a refund

پۇلۇمنى قايتۇرۇۋالىمەن

Pulumni qayturuwalimen

I want to exchange the item

مەن بۇنى ئالماشتۇرماقچى

Men buni almashturmaqchi

I need to see the manager

باشلىق بىلەن كۆرۈشىمەن

Bashliq bilen körüshimen

11. Changing money

Bank

بانكا

Banka

Money exchange

پۇل ئالماشتۇرۇش ئورنى

Pul almashturush orni

Where can I exchange money?

پۇلنى قەيەردە ئالماشتۇرالايمەن؟

Pulni qeyerde almashturalaymen?

What is the exchange rate?

نەچچىگە نەچچىدىن ئالماشتۇرىسىلەر؟

Nechchige nechchidin almashturisiler?

I need to exchange this please

مەن بۇنى ئالماشتۇرماقچى

Men buni almashturmaqchi

I need to cash this check

مەن بۇ چەككە پۇل ئالماقچى

Men bu chekke pul almaqchi

Here is...

مانا...

Mana...

...my passport

...پاسپورتۇم

...Pasportum

12. General Reference Information

When

قاچان

Qachan

Right now

هازىر

Hazir

Later

سەل تورۇپ

Sel torup

Not right now

هازىر ئەمەس

Hazir emes

Maybe

بەلكىم

Belkim

Where	قەيەردە *Qeyerde*
Here	بۇ يەر *Bu yer*
There	ئاۋۇ يەر *Awu yer*
Far/Not far	يىراق\يىراق ئەمەس *Yiraq\yiraq emes*
Good	ياخشى *Yaxshi*
Bad	ناچار *Nachar*

Expensive

قىممەت

Qimmet

Cheap

ئەرزان

Erzan

What time is it?

سائەت قانچە بولدى ؟

Sa'et qanche boldi?

How much?

قانچە پۇل ؟

Qanche pul?

One

بىر

Bir

Two

ئىككى

Ikki

Three

ئۈچ

Üch

Four

تۆت

Töt

Five

بەش

Besh

Six

ئالته

Alte

Seven

يەتته

Yette

Eight

سەككىز

Sekkiz

Nine

توققۇز

Toqquz

Ten

ئون

On

Eleven

ئون بىر

On bir

Twelve

ئون ئىككى

On ikki

Thirteen

ئون ئۈچ

On üch

Fourteen

ئون تۆت

On töt

Fifteen

ئون بەش

On besh

Sixteen

ئون ئالته

On alte

Seventeen

ئون يەتتە

On yette

Eighteen

ئون سەككىز

On sekkiz

Nineteen

ئون توققۇز

On toqquz

Twenty

يىگىرمە

Yigirme

Thirty

ئوتتۇز

Ottuz

Forty

قىرىق

Qiriq

Fifty

ئەللىك

Ellik

Sixty

ئاتمىش

Atmish

Seventy

يەتمىش

Yetmish

Eighty

سەكسەن

Seksen

Ninety

توقسان

Toqsan

One hundred

يۈز

Yüz

Two hundred

ئىككى يۈز

Ikki yüz

Three hundred

ئۈچ يۈز

Üch yüz

Four hundred

تۆت يۈز

Töt yüz

Five hundred

بەش يۈز

Besh yüz

Six hundred

ئالته يۈز

Alte yüz

Seven hundred

يەتته يۈز

Yette yüz

Eight hundred

سەككىز يۈز

Sekkiz yüz

Nine hundred

توققۇز يۈز

Toqquz yüz

One thousand

مىڭ

Ming

Two thousand

ئىككى مىڭ

Ikki ming

I have

مەندە...بار

Mende...bar

You have

سزدە...بار

Sizde...bar